Umwelt Tips

Edgar Wüpper

Leselöwen Umweltgeschichten: In den Ferien

Zeichnungen von
Christine Georg

Loewe

CIP-Titelaufnahme der Deutschen Bibliothek

Wüpper, Edgar:
Leselöwen-Umweltgeschichten:
In den Ferien / Edgar Wüpper.
1. Aufl. – Bindlach: Loewe, 1991
ISBN 3-7855-2371-8

ISBN 3-7855-2371-8 – 1. Auflage 1991

Umschlagillustration: Christine Georg
Umschlaggestaltung: Kirsch & Korn
Satz: Fotosatz Leingärtner, Nabburg
Gesamtherstellung: Bercker, Kevelaer
Printed in Germany

Inhalt

Juanita aus Vidiago

Ein lautes Hupen scheucht die beiden Mädchen vom Sandweg. Da kommt ein riesiger Bagger ratternd und quietschend den Berg herunter. Juanita hält sich die Ohren zu. Als er hinter der nächsten Wegbiegung verschwindet, fragt sie: „Wo will der denn hin?"

„Runter zum Strand!" sagt Marcia. „Hier bauen sie jetzt eine richtige Straße!"
„Eine Straße?" Juanita muß lachen. „Wofür denn? Damit Vater unsere Ziegen auf die Weide bringen kann? Das ist ja lustig!"

„Weißt du denn nicht?“ Marcia bleibt stehen und guckt Juanita ungläubig an. „Alle Bergwiesen bis runter zum Strand sind doch verkauft. Da kommt ein Zeltplatz hin. Mein Vater freut sich schon, da muß er zweimal am Tag Brot liefern!“

Juanita sitzt plötzlich ein dicker Kloß im Hals. „Stimmt es also doch“, denkt sie, „was die Leute schon so lange sagen.“ Aber sie hat es nicht glauben können.

Die beiden Mädchen sind an ihrem Lieblingsplatz angelangt und setzen sich auf den großen Steinbrocken. Von hier können sie weit aufs Meer hinausschauen. Vor ihnen fällt eine Felswand steil ab bis ins Wasser. Rechts liegt die große Sandbucht. Jetzt ist Ebbe, und das Wasser fließt langsam in den Atlantik zurück. Der feuchte Sand glitzert in der Sonne.

„Wollen wir zum Strand runter?“ fragt Marcia. „Nein, ich muß nach Hause“, meint Juanita. Die beiden machen sich auf den Rückweg. Viel reden sie nicht. Jede ist mit ihren Gedanken beschäftigt. An der

Kreuzung trennen sie sich. „Gehen wir morgen schwimmen?“ fragt Marcia.

„Ja, klar!“ Juanita lächelt ihre Freundin an. „Mach’s gut!“

Als Juanita nach Hause kommt, sitzen ihre Eltern am Küchentisch. Sie reden laut miteinander. Juanita will schnell in ihr Zimmer.

Aber ihre Mutter hat sie bemerkt. „He, Juanita!“ ruft sie. „Komm doch mal!“ Als sie Juanitas Gesicht sieht, sagt Mutter: „Was hast du denn?“

„Stimmt es, daß unser Land verkauft ist?“

„Ja!“ meint Vater. „Aber es ist nicht unser Land, wir hatten es nur gepachtet.“ Vater ist wütend. „Wenn es uns gehören würde, dann gäbe es keinen Campingplatz!“ Er macht eine kleine Pause, dann sagt er leise: „Jetzt ist Schluß mit der Landwirtschaft. Wir verkaufen die Ziegen. Zwei behalten wir, die können hinterm Haus bleiben.“

Ehe Juanita etwas sagen kann, meint Mutter: „Vater geht nach Llanes arbeiten,

er bekommt eine Stelle bei der Gemeinde."
Juanita merkt, daß sie gleich weinen muß, und läuft schnell raus.

„Sie muß sich erst mal daran gewöhnen", sagt Mutter, „die Ziegen sind nun mal ihr ein und alles!"

„Die Muchacha kann sie doch behalten", meint Vater. „Mir gefällt das alles auch nicht!"

Beide schweigen.

„Alles wird anders!" seufzt Vater dann.

„Aber das wußten wir doch schon länger." Mutter streichelt Vater übers Haar.

„Aber so schnell! Warum bleiben die Leute nicht dort, wo sie zu Hause sind?" fragt Vater zornig.

„Aber Juan!" Mutter lächelt. „Stell dir vor, am Mittelmeer ist alles viel schlimmer! Hier bei uns ist das Wetter nicht so gut, da haben wir noch Glück!"

„Schöner Trost!" Vater steht auf. „Ich muß die Ziegen holen!"

Nach dem Melken gibt's Abendbrot. Aber heute wird beim Essen nicht soviel geredet und gelacht wie sonst. Danach geht Vater vor die Haustür und steckt sich eine Zigarette an. Juanita geht hinterher.

„Bald fahren da drüben den ganzen Tag Autos rum!“ murmelt Vater.

„Ich habe heute schon einen Bagger auf dem Sandweg gesehen“, sagt Juanita, „die bauen dort eine Straße, hat Marcia gesagt!“

Vater schweigt.

„Warum kommen eigentlich so viele Menschen hierher, aus allen möglichen Ländern?“ fragt Juanita.

„Die meisten wohnen in großen, stinkigen Städten. Und bei uns ist das Wetter schön, wir haben das Meer . . .“

Juanita überlegt. „Dann sind sie dort nicht zufrieden, wo sie leben?“

Vater nickt.

Nach einer Weile sagt Juanita: „Ach so, wir sind hier zufrieden. Deshalb brauchen wir nicht wegzufahren!“

„Ja, da hast du recht!“ Vater muß lachen und drückt Juanita fest an sich.

Das Kinderfest

„Mensch, bin ich aufgeregt!" Manuela setzt sich an den Frühstückstisch.

„Wird schon klappen!" meint Mutter und trinkt einen Schluck Kaffee.

„Aber das Wetter!" sagt Manuela und schaut aus dem Fenster.

„Wetterbericht ist prima!" Vater grinst.

Manuela springt auf. „Ich muß gleich los!"

„Nun iß doch erst mal was!" Mutter schüttelt den Kopf.

„Hab' keinen Hunger, ich esse da was!" Und schon ist Manuela aus der Tür.

„Eine Unruhe ist das am Samstagmorgen!“ Vater greift nach der Zeitung.

„Ist doch schön, daß die Kinder in den großen Ferien Spaß haben. Schließlich können wir dieses Jahr nicht wegfahren!“ Mutter räumt ab. „Übernimmst du das Geschirrspülen?“ ruft sie aus der Küche. „Dann kümmer’ ich mich um die Wäsche!“

„Ja, ja!“ murrt der Vater und legt die Zeitung weg. „Aber dann müssen wir los!“

Eine Stunde später schließen sie die Wohnungstür ab. „Halt“, ruft Mutter, „jetzt hätte ich beinahe den Kuchen vergessen!“ Schnell holt sie die Platte aus der Küche und deckt ein Geschirrtuch drüber. „So, jetzt kann’s losgehen!“

Sie brauchen nicht weit zu laufen. Gleich die nächste Straße in der Siedlung ist die Herderstraße, eine Sackgasse mit Wendeplatz. Schon an der Ecke stehen Hinweisschilder: „Zum Kinderfest“. Musik, Stimmengewirr und Lachen weht herüber.

„Tag, Herr Lange!“ grüßt Vater einen Nachbarn.

„Hauptsache, das Wetter bleibt so!" sagt der.

Vater meint: „Doch, doch. Im Radio haben sie es gesagt!"

Am Straßenrand haben Kinder auf Decken oder Tischen ihre Flohmarktstände aufgebaut.

Dann kommen die ersten Buden aus Holzstangen und bemalten Tüchern. Da gibt es selbstgemachte Brezeln und Lebkuchenherzen, heiße Würstchen, Bier und Limonade, aber auch Buden, wo an Tischen getöpfert, gemalt oder gebastelt wird.

Mutter entdeckt eine große Tafel, auf der

das Programm steht. „Warte mal!“ sagt sie, und die beiden lesen:

14 Uhr Theaterstück vom Kindertheater Kralle: „Als die Eltern Kinder wurden“.

„Da spielt doch Manuela mit“, sagt Vater, „das dürfen wir nicht verpassen!“

Die Mutter liest weiter vor: „Ausstellung in der Garage: ‚Die Natur vor der Haustür‘. Oh, das möchte ich mir gleich anschauen!“ Mutter ist begeistert.

„Aber dann essen wir ein Würstchen, ich bekomme langsam wieder Hunger!“ meint Vater.

„Erst mal muß ich den Kuchen abgeben!" Mutter drängt sich durchs Gewühl bis zum Kuchenstand.

„Danke, Frau Kramer!" ruft die Frau hinter dem Tisch. „Bis später!"

Vater und Mutter sind bei der Garage angelangt. An der einen Wand steht in großen Buchstaben: „Die Natur vor der Haustür".

Auf einem Regal sind Tontöpfe mit einigen Pflanzen aufgereiht. Vater traut seinen Augen nicht. „Das sind ja alles Unkräuter!"

„Quatsch!" sagt Mutter. „Unkraut gibt es nicht!"

„Ist das zum Beispiel eine Brennessel, oder nicht?“ meint Vater.

„Und was steht hier?“ Mutter zeigt auf die Tafel neben dem Topf und liest vor: „Die Brennessel ist unter anderem Futterpflanze für die Raupen etlicher Schmetterlinge, wie zum Beispiel Kleiner Fuchs, Tagpfauenauge und Admiral. Rund siebzig Insektenarten leben von der Brennessel.“

„Hab' ich ehrlich nicht gewußt!" gibt Vater zu und liest auch die anderen Texte über Löwenzahn, Kamille, Wegerich, Huflattich und Ringelblumen.

„Du, hilf mir mal!" ruft Mutter. Vater dreht sich um. An der anderen Wand hängen Nistkästen und Zeichnungen, die verschiedene Singvögel zeigen. „Das ist ein Preisausschreiben: Welcher Vogel gehört in welchen Nistkasten?"

„Ach du Schreck!" Vater runzelt die Stirn. „Da muß ich raten!"

Kaum haben sie den Zettel ausgefüllt und in den Kasten geworfen, hören sie draußen den Lautsprecher: „In wenigen Minuten beginnt das Theaterstück!"

Schnell gehen sie nach draußen und ergattern gerade noch einen Sitzplatz. In dem Stück tauschen Eltern und Kinder für ein Wochenende: Die Kinder spielen Eltern und umgekehrt. Da gibt es viel zu lachen!

Manuela hat auch eine Rolle. Nach der Vorstellung drängt sie sich zu ihren Eltern durch. „Wie hat's euch gefallen?"

„Toll!“ sagen Vater und Mutter wie aus einem Mund.

„Ich muß zu unserm Stand von der Kinderpartei, holt ihr mich da nachher ab?“ Und schon ist Manuela verschwunden.

„Ich erkenn’ sie gar nicht wieder!“ sagt Vater. „Sonst hat sie kaum zu irgendwas Lust!“

„Das macht hier eben Spaß!“ Mutter lacht.

Die Eltern setzen sich an die lange Kaffeetafel, da treffen sie eine Menge Bekannte. Ein paar Leute spielen Gitarre und Akkordeon. Und schließlich wird auch getanzt.

Kralle

„Tanzen waren wir lange nicht mehr!" meint Mutter.

„Und noch nie auf der Straße!" Vater lacht.

Langsam geht das Fest zu Ende. Vater und Mutter holen Manuela ab. Um den Stand der „Kinderpartei" stehen viele Leute. Auf einer großen Tafel stehen die Forderungen der Kinderpartei:

Tempo 30 auf allen Wohnstraßen – Autowaschen mit Trinkwasser ist verboten – Probezeit für alle Lehrer: Wir Kinder bestimmen, ob sie bleiben dürfen! Ganz unten steht noch: Es gibt Kinderheime, warum keine Elternheime?

Manuela hat ihre Eltern entdeckt. Sie gehen nach Hause. Mutter sagt: „Mit eurer Kinderpartei habt ihr aber ein bißchen übertrieben!"

Vater grinst: „Mit dem Elternheim, das meint ihr doch nicht ernst?"

„Doch!" Manuela lacht vergnügt. „Seid immer schön lieb, dann kommt ihr auch nicht ins Elternheim!"

Ferientip Nr. 1

Umweltquiz

Dieses kleine Umweltquiz
könnt ihr gut allein machen oder
mit euren Eltern, euren Freunden und Freundinnen.
(Auflösung auf Seite 61)

1. Der Maulwurf steht unter Naturschutz. Ist er
   - ○ Fleischfresser

   oder
   - ○ Pflanzenfresser?

2. Nenne fünf Vögel, die bei uns überwintern:

   ____

   ____

3. Nenne fünf Vogelarten, die nach Süden ziehen (Zugvögel): ______________________________

   ____

4. Was ist die Futterpflanze für die Schmetterlinge Admiral, Tagpfauenauge und Kleiner Fuchs?
   - ○ Ringelblume
   - ○ Brennessel
   - ○ Löwenzahn

5. Nenne fünf Wildkräuter, die meist als „Unkraut“ bezeichnet werden und auf Wiesen oder an Wegrändern wachsen! ______________________

____

6. Wieviel Luft verbraucht ein Auto in der Minute?
   - ○ achtzigmal mehr als der Mensch
   - ○ genausoviel
   - ○ zehnmal weniger

Zwei Schweine haben Sonnenbrand

Dirk und Tanja sitzen im Zug nach Wiesdorf. Gute Laune haben sie nicht gerade. Beide starren aus dem Fenster. Dirk drückt seine Nase fest an die Scheibe. „Sieht komisch aus!" meint er. „Wir stehen still, und die Landschaft fährt an uns vorbei!"

„Spinner!"

„Au, guck mal!" ruft Dirk. „Massenhaft Kühe auf den Wiesen!"

Tanja sagt gar nichts.

Erst hatten sie die Idee von Ferien auf dem Bauernhof ganz gut gefunden. „Der Henning ist ein ganz alter Freund von mir“, hatte Vater gesagt, „da könnt ihr mal einen Bauernhof kennenlernen, wie er sein soll!“

„Na gut!“ sagten sie, und Vater hatte sie angemeldet. Aber dann waren kurz vor Ferienbeginn noch zwei Plätze für das Ferienheim an der Ostsee frei geworden, und da wollten sie viel lieber hin. „Zu spät!“ hatte Vater nur gesagt.

„Wenn dieser Henning blöd aussieht, fahre ich gleich wieder zurück!“ meint Tanja.

„Gute Idee!“ stimmt Dirk zu. „Wir müßten doch schon längst da sein!“

Kaum hat Dirk den Satz ausgesprochen, verringert der Zug das Tempo, die Bremsen quietschen, und das Schild „Wiesdorf“ gleitet am Fenster vorbei.

Die beiden holen ihre Rucksäcke und Taschen aus dem Gepäcknetz und steigen aus. Tanja guckt den Bahnsteig entlang: „Prima, kein Bauer da!“

Eine junge Frau kommt auf sie zu. „Seid ihr Dirk und Tanja?“

Die beiden nicken.

„Ich bin Marion. Kommt, da drüben steht unser VW-Bus!“

„Ganz schön klapprige Kiste“, denkt Dirk.

Die hinteren Sitze sind ausgebaut, und auf dem Boden liegen Strohreste.

Tanja muß grinsen. Das sieht anders aus als das Auto von Papa und Mama. Da wird jeden Samstag mit dem Staubsauger alles saubergemacht.

„Dafür brauchst du aber keinen Staubsauger, sondern einen Strohsauger!“ rutscht es Tanja heraus.

Marion lacht: „Ein Besen schafft das auch!“

Nach kurzer Fahrt halten sie am Dorfrand vor einem gelbgestrichenen Fachwerkhaus. Gemeinsam laden sie aus und schleppen das Gepäck ins Haus. Oben im ersten Stock haben Dirk und Tanja ihr Zimmer.

„Packt in Ruhe aus, und dann kommt

runter in die Küche, Abendbrot essen. Der Henning ist dann auch mit dem Melken fertig."

Beim Abendessen erzählen Henning und Marion, was sie so machen.

„Morgen holen wir uns vom Nachbarn zwei junge Schweine!" sagt Henning.

Später, als die beiden Kinder im Bett liegen, sagt Dirk: „Der Henning und die Marion sind ganz schwer in Ordnung, findest du nicht?"

„Ganz gut, daß wir auch mal ins Dorf gehen können, ich dachte schon, der Hof liegt in der Wildnis!" Tanja gähnt.

Am nächsten Morgen werden die zwei kleinen Schweine vorsichtig auf den Hof getrieben.

„Wo ist denn der Stall?" fragt Dirk.

„Hinter der Scheune vor der Wiese!" sagt Henning.

„Draußen?" Tanja staunt.

„Na klar! Kein Tier will in einen dunklen Stall. Alle Tiere lieben Sonne, Wind, Gras und Erde!" Henning lacht.

Die kleine Bretterhütte ist zusammen mit einem Stück Wiese eingezäunt.

„Ganz schön dicke Balken!“ meint Dirk.

„Damit sie nicht abhauen!“ Henning schubst die beiden Schweine in ihr neues Zuhause.

Am Abend gucken Dirk und Tanja noch mal nach den Schweinen. Die liegen zusammengekuschelt im Stroh, blinzeln mit den Augen und grunzen ganz leise. „Schlaft schön!“ flüstert Tanja und lacht.

Sie hat die zwei ins Herz geschlossen.

Der Tag darauf ist sehr heiß. Zwischendurch gucken die beiden Kinder mal nach den Schweinen. Die beiden liegen gemütlich in der Sonne. „Wie Urlauber am Strand!“ ruft Tanja.

Als sie am Abend noch einmal schauen, haben beide Schweine puterrote Haut. „Die haben Sonnenbrand!“ Dirk rast zum Haus.

„Henning, komm schnell, die Schweine haben Sonnenbrand!“

Als Henning die Schweine sieht, sagt er: „Ach du Schreck, ihr habt recht!“

„Nimm doch einfach Sonnenöl!" rät Tanja. „Hm", Henning lacht, „dann schon eher Johanniskrautöl, das hilft gegen Sonnenbrand. Aber es ist keins mehr da!"

Plötzlich hat er eine Idee. Er holt einen Eimer und kratzt aus der alten Scheunenwand bröckligen Lehm. „So, jetzt etwas Wasser drüber und durchgerührt. Damit reiben wir sie ein!"

Die Schweine quieken, als Henning sie mit Lehm einreibt, und eins läuft immer weg. Henning läuft hinterher. Dirk und Tanja halten sich den Bauch vor Lachen.

Tanja sagt: „Wenn wir das zu Hause erzählen, halten uns alle für total verrückt!"

Die Autopanne

Vater schimpft: „Schon wieder ein Stau. Wenn das so weitergeht, ist der Urlaub rum, ehe wir da sind!"

„Nun reg dich nicht so auf, das hat sowieso keinen Zweck!" sagt Mutter.

Die ganze Autoschlange steht still. Vater trommelt nervös mit den Fingern aufs Lenkrad.

„Puh", Thomas und Sina halten sich die Nasen zu. „Mensch, das stinkt vielleicht von draußen!"

Vater kurbelt das Schiebedach zu. „Unser Auto ist das nicht. Das ist umweltfreundlich!" meint er.

„Kein Auto ist umweltfreundlich!" Mutter

schüttelt den Kopf. „Manche machen nur etwas weniger Dreck!"

„Dann schaffen wir am besten das Auto ab und bleiben zu Hause. Da sparen wir viel Geld!" Vater ist sauer.

Endlich geht's weiter. Ein paar Stunden später sind sie über die Grenze. „Jetzt kassieren sie erst mal Autobahngebühren, Frechheit!" meckert Vater. Er tritt aufs Gas.

„Ras doch nicht so!" sagt Mutter. „Hier darf man doch nur 120 fahren!"

„Ja, ja!" Vater lacht und fährt auf die Überholspur.

Sina und Thomas sind auf dem Rücksitz eingeschlafen. Als Vater auf die Hupe drückt, schrecken sie auf. Vor ihnen ist ein

kleiner Fiat ausgeschert. Vater blinkt mit der Lichthupe. „Idiot!“ brüllt Vater. „Nicht zu fassen!“ Er bekommt vor Wut einen roten Kopf.

Der Fiat überholt einen Lastwagen und fährt wieder auf die rechte Spur zurück.

„Höchste Zeit!“ Vater gibt Vollgas.

Im Vorbeifahren sehen die Kinder einen Mann und eine Frau, die nur lachen und den Kopf schütteln.

Vater guckt auf die Uhr und strahlt. „So, jetzt geht's vorwärts, nachmittags liegen wir schon am Strand!“

„Papa, ich muß mal!“ murmelt Sina.

Vater verzieht das Gesicht. „Kannst du noch eine Viertelstunde warten? Dann müssen wir sowieso tanken.“ Vater guckt in den Spiegel nach hinten.

„Meinetwegen!“

„Prima!“ sagt Vater.

Plötzlich ruckt der Wagen.

„Was ist denn jetzt los?“ Vater guckt entsetzt Mutter an.

Das Rucken wird immer stärker, alle vier

werden ordentlich durchgeschüttelt. Dann geht der Wagen aus, und Vater kann ihn gerade noch auf die Standspur lenken.

„Eine Panne! Na, das fehlt uns gerade noch!“ Er steigt aus und öffnet die Motorhaube. Hilflos guckt er auf den Motor. „Der Wagen war doch erst in der Werkstatt!“

„Vielleicht kein Benzin?“ fragt Mutter.

Vater explodiert: „Denkst du etwa, ich bin blöd?“

Da hält hinter ihnen ein kleiner roter Fiat. Als der Mann aussteigt, erkennen ihn die Kinder sofort wieder. „Ach du Schreck“, denkt Thomas, „der wird Vater jetzt erst mal ordentlich die Meinung sagen!"

„Hallo!" sagt der Mann auf deutsch. „Panne?"

Vater nickt.

„Darf ich sehen?" fragt der Mann. „Ich drei Jahre arbeiten in Deutschland!"

„Hm", meint Vater, „dann kennen Sie sich wohl mit Autos aus?"

„Ja, ja, gut!" lacht der Mann und beugt sich über den Motor.

Nach kurzer Zeit dreht er sich um und sagt: „Kleiner Defekt!" Er zeigt Vater, daß er den Wagen mal anlassen soll.

Vater flitzt zum Auto und dreht den Zündschlüssel. Der Wagen springt an.

„Toll!" Vater strahlt übers ganze Gesicht, steigt aus und schüttelt dem Mann die Hand.

Dann kramt er in der Tasche. „Gerda", ruft er Mutter zu, „hast du mal einen Zehnmarkschein?"

„Nix da", wehrt der Mann ab. „Guten Urlaub! Und nix rasen, nicht gut für Umwelt und Gesundheit!“ Er lacht vergnügt, geht zu seinem Auto und fährt los.

Freundlich winkt Vater hinterher. „So, los!“ drängt er. „Wir haben einiges auf-

zuholen!“ Zufrieden lächelt Vater vor sich hin. „Feiner Kerl, soll man gar nicht glauben!“

„Das ist doch der Idiot!“ meint Thomas von hinten.

„Was sagst du da, spinnst du?“ Vater ist empört.

„Vorhin war er noch ein Idiot!“ bestätigt Sina. „Das war doch der mit der Klapperkiste, der dich nicht vorbeigelassen hat!“

„Ach du lieber Himmel!“ rutscht es Vater raus.

Jetzt müssen die anderen drei lachen. Und Vater vergißt vor Schreck, Gas zu geben . . .

Ferientip Nr. 2
Gesund Grillen

Oft wird so gegrillt: Kaum ist die Holzkohle richtig runtergebrannt, kommen die Würstchen oder das Fleisch auf den Rost. Das ist aus zwei Gründen nicht gesund.

Erstens muß die Holzkohle so verbrannt sein, daß wirklich nur noch rote Glut da ist. Sonst ißt man den Rauch und Ruß der Kohle mit.

Zweitens tropft das Fett in die Glut, verbrennt, und die Dämpfe geraten ebenfalls in die Würstchen. Und das ist sehr ungesund.

Besser ist es, einen Gartengrill zu kaufen, dessen Kohlenwanne so geschwenkt werden kann, daß sie senkrecht steht. Würstchen oder Schnitzel werden daneben in einen Rost geklemmt. So kann nichts in die Glut tropfen.

Wer nur mit zwei Steinen und einem Rost grillen möchte: Die Holzkohle nur in die Mitte schütten, richtig durchglühen lassen und das Fleisch an die Ränder des Rostes legen. So kann auch nichts passieren!

Ein Foto, bitte!

Corinna, Canan und Yussuf sitzen im Bushäuschen. Sie haben Langeweile.

„Jeden Tag ins Schwimmbad, wir müßten mal was anderes machen!“ sagt Corinna.

Die beiden anderen nicken.

„Du wärst jetzt bestimmt lieber zu Hause!“ Corinna stupst Canan in die Seite.

Die schüttelt den Kopf. „Nicht so gern! Bei uns an der Küste sind jetzt zu viele Touristen!“

„Was ist daran so furchtbar schlimm?“ Corinna versteht nicht. „Da ist doch immer was los!“

„Du bist gut!“ sagt Canan. „Am ganzen Strand stehen nur Hotels und Ferienhäuser, Discos und Kneipen. Und alles fließt ins Meer. Weißt du, von den Klos und all der andere Dreck . . .“

Corinna schüttelt sich: „Und da badet ihr drin?“

„Ihr – ich meine die Touristen – doch auch!“ meint Canan.

„Aber das schlimme ist, daß die Fische weg sind. Vater war früher Fischer. Schließlich hatte er keine Arbeit mehr. Deshalb sind wir jetzt hier!"

Yussuf nickt. „Ist doch bei uns genauso!" Er lacht. „Und überall Menschen mit Fotoapparaten. Klick! Schönes Foto. Das sollten wir mal hier mit euch machen, da würden die Leute staunen!"

„O ja", sagt Corinna. „Das ist eine gute Idee. Das machen wir mal!"

Canan und Yussuf schütteln den Kopf.

„Na los, ihr Feiglinge!" Corinna ist begeistert. „Nur so als Spiel. Wir verkleiden uns richtig als Touristen mit Fotoapparat und so . . ."

Yussuf grinst. „Aber Deutsche sind nicht so lustig!"

„Blödsinn!" Corinna ist schon aufgesprungen. „Wir haben zu Hause genug Klamotten . . ."

Schließlich lassen sich die beiden andern überreden. Eine Stunde später sind sie umgezogen.

„Und wo gehen wir hin?“ fragt Canan.

„Am besten rüber in die Kleingarten-anlage. Da sind jetzt genug Leute!“ meint Corinna.

In den Gärten sitzen die Leute bei Kaffee und Kuchen, oder sie grillen Würstchen und trinken Bier oder Sprudel. Ganz leise schleichen sich die drei in den Garten von

Familie Wilhelm. Vorweg Yussuf mit Shorts, buntem T-Shirt, Sonnenbrille und Fotoapparat. Dann die beiden Mädchen mit Strohhüten und Bikinis.

„Oh, Deutsche!" ruft Yussuf begeistert und zückt den Fotoapparat.

Frau Wilhelm will gerade Kaffee einschenken, sie erschrickt und fährt herum. Dabei gießt sie den Kaffee neben die Tasse auf den Tisch.

„He, paß doch auf!" schreit Herr Wilhelm.

„Bitte lachen!“ ruft Yussuf und drückt auf den Auslöser.

„Sind das nicht diese Ausländer von Nummer 16?“ ruft Frau Wilhelm.

„Haut ja ab!“ brüllt Herr Wilhelm und springt auf.

Schnell verschwinden die drei und laufen durchs Gartentor hinaus.

„Kommt, wir gehen noch zu Siegmanns dahinten!“ meint Corinna.

Canan will nicht mehr.

„Nur noch einmal!“ bettelt Corinna. „Echt versprochen!“

Familie Siegmann sitzt vor ihrem Gartenhaus und grillt Würstchen.

„Oh, Einheimische beim Essen. Richtig romantisch!“ Corinna flötet es mit hoher Stimme und zieht sich den Strohhut weiter in die Stirn. „Mach doch mal ein Foto!“

Yussuf reißt die Kamera hoch. „Bitte schön lachen!“ ruft er und rudert mit den Armen.

Siegmanns können sich vor Lachen kaum halten.

„Was ist denn mit euch los?“ fragt Frau Siegmann.

„Wir Touristen!“ sagt Corinna.

„Schön Foto!“ Yussuf nickt. „Du kriegen auch eine Deutschmark!“

Vom Krach angelockt, kommen Bernd und Florian hinter der Hütte vor, wo sie Fußball gespielt haben.

Erst zögern sie, dann brüllen sie: „Das sind ja Yussuf, Canan und Corinna aus unserer Klasse!“

„Wir auf Urlaub!“ Corinna grinst.

„Na, ihr Urlauber, was haltet ihr von einem Würstchen?“ fragt Frau Siegmann.

„O ja!“ rufen die drei wie aus einem Munde.

Siegmanns lachen.

„Sagt mal, wie kommt ihr denn auf so eine verrückte Idee?“ meint Herr Siegmann.

„So benehmen sich die Deutschen in den Ferien!“ sagt Corinna. „Echt! Fragen Sie Canan und Yussuf!“

Herr Siegmann schaut die beiden an.

„Na ja“, druckst Yussuf. Und Canan schaut auf die Erde.

„Ich verstehe schon!“ Herr Siegmann nickt. „Florian, hol bitte noch ein paar Gartenstühle!“ Er dreht sich wieder zu den drei Besuchern um: „Heute habt ihr Glück, wenn ihr auch noch so schreckliche Touristen seid. Wir laden euch trotzdem zum Würstchenessen ein!“

Die Kinder lachen.

Aber Yussuf sagt dann ganz ernst: „O ja, dann können wir zu Hause nur Gutes über unseren Urlaub in Deutschland berichten!“

3

Der Besserwisser

Vor dem Ferienheim „Karwendelblick" hält der Bus.

„So, da sind wir!" Heimleiter Moser hat die Kinder vom Bahnhof abgeholt. „Nehmt euer Gepäck, und wartet kurz draußen!"

Die Kinder springen aus dem Bus. „Sind das hohe Berge!" staunt Isabell.

„Auf denen dahinten ist sogar Schnee drauf!" Marion zeigt in die Richtung.

Alle reden durcheinander.

„Hört doch noch mal her!" Herr Moser muß brüllen. „Ihr seid alle in einem Schlafsaal im ersten Stock, der Raum heißt Tirol, und eure Betreuerin heißt Susanne . . ."

Weiter kommt er nicht, die Kinder stürmen kreischend ins Haus.

„Ich hab' Durst!“ keucht Klaus.

„Dahinten neben der Treppe ist ein Automat!“ sagt Dirk, sein Freund.

Klaus wirft das Geldstück ein, nimmt eine Dose und reißt den Verschluß ab. Er trinkt hastig. „Willst du auch einen Schluck?“ fragt er Dirk. „Klar!“ sagt der.

Hinter ihnen bleibt jemand stehen. „Cola in Dosen! Das gibt's doch nicht!“

„Siehst du doch!“ meint Klaus. „Was dagegen?“

Dirk dreht sich um. „Wer bist du denn?“

„Ich bin der Bernd, und natürlich hab' ich was dagegen! Solche Dosen sind Energie- und Rohstoffverschwendung, und meist landen sie auch noch auf dem Müll!“

„Schlaumeier!“ sagt Klaus. Die beiden Freunde lassen ihn stehen und gehen die Treppe hoch.

Später, beim Mittagessen, sagt Dirk zu Klaus: „Guck mal, wer uns da gegenüber sitzt!“

In diesem Moment schiebt Bernd seinen Teller weg und sagt laut: „So ein Pappbrei!“

„Schmeckt's nicht?“ fragt Ina.

„Ne!“ antwortet er. „Ist keine Vollwertkost!“

Klaus schaut Dirk mit offenem Mund an: „Was heißt denn das schon wieder?“

„Sind keine Vitamine drin!“ meint Bernd. „Alles verkocht!“

„Mir schmeckt's!“ Dirk hat seinen Teller fast leer. „Mir nicht mehr!“ Klaus guckt böse. „Der kann einem ja den Appetit verderben!“

„Alles weiß er besser!“ sagt Dirk.

„Besserwisser!“ ruft Claudia.

Und da hat Bernd den Namen weg: Besserwisser!

Am nächsten Morgen ist eine Wanderung geplant. Die Betreuerin Susanne Graf sagt, wo es hingeht: zur Senntaler Hütte. „Da machen wir eine kleine Rast, und dann wandern wir zurück.“

Herr Moser sagt noch: „Ich komme zur Mittagspause mal mit dem Auto vorbei, falls jemand Blasen an den Füßen hat!“

„Da muß man richtige Schuhe anhaben“, Bernd zeigt auf seine Füße, „dann läuft man auch keine Blasen!“

„Der Besserwisser weiß alles!“ ruft Ina.

„Na ja“, lacht Herr Moser, „ich gucke trotzdem mal!“

Dann gehen sie los. Der Weg geht gleich steil bergauf, manchmal müssen alle im Gänsemarsch hintereinandergehen. Als sie aus einem Waldstück kommen, können sie weit übers Land schauen.

Bernd zeigt auf ein paar gegenüberliegende Abhänge: „Die vielen Skilifte, alles Naturzerstörung. Die Alpen sind doch schon kaputt!“

Die anderen Kinder hören gar nicht hin.

Susanne Graf sagt: „Irgendwo hast du recht!“

„Klar habe ich recht!“ meint Bernd und bleibt etwas zurück. Ihn drückt der linke Schuh. „Mist!“ murmelt er vor sich hin. „Ausgerechnet mir passiert das!“

„Guck mal!“ sagt Marion zu Isabell. „Der Besserwisser humpelt!“

„Der hat ’ne Blase!“ Klaus lacht schadenfroh.

Am Hang liegt die Senntaler Hütte. Bernd beißt die Zähne zusammen. „Tut ganz schön weh“, denkt er, „wenn der Moser kommt, fahre ich mit. Egal, wenn die anderen lachen.“

Zehn Minuten später sitzen alle in der Sonne und essen ihre Brote.

Plötzlich sieht Bernd Herrn Moser. „Halt, ich will mit!“ Aber ehe Bernd nach vorne gehumpelt ist, fährt das Auto von Herrn Moser vom Hof.

Klaus, Dirk und Ina grinsen Bernd an.

„Ihr seid gemein!“ Bernd ist dem Heulen nahe. „Frau Graf“, ruft er, „ich wollte mitfahren, weil ich eine Blase am Fuß habe, aber . . .“

Susanne Graf hört die anderen lachen.

„Ich find' das nicht so lustig!" sagt sie. „Zeig mal deinen Fuß, Bernd!"

Bernd zieht den linken Schuh und Strumpf aus. Zwei kleine Blasen hat er.

„Er kann sich ein paar Wegerichblätter drauflegen!" meint Gisi. „Das machen meine Eltern auch immer, die sind richtige Wanderer!"

Nach kurzer Zeit hat sie ein paar Blätter am Wegesrand gefunden. „Leg sie einfach in den Socken. Da, wo die Blase ist!"

Bernd verzieht das Gesicht und schlüpft wieder in den Schuh.

„Geht's denn so einigermaßen?" fragt Susanne.

Bernd nickt.

Auf dem Heimweg sagt sie zu ihm: „Ist ja schön, daß du so für Umweltschutz bist. Das muß man den anderen aber nicht auf die Nase binden, finde ich!"

„Die kapieren ja sonst nichts!" meint Bernd.

Susanne lächelt. „Das glaube ich nicht!" Sie dreht sich zu Marion und Ina um. „Sagt mal, sollten wir im Ferienheim nicht lieber Getränke in Flaschen statt in Dosen verkaufen?"

„Klar ist das besser!" sagt Ina.

Und Marion: „Das weiß doch jede!"

„Na, was sagst du jetzt?" meint Susanne zu Bernd.

Der sagt gar nichts und guckt auf die Erde.

„He!" flüstert Ina Marion zu: „Der Besserwisser bessert sich!"

Ferientip Nr. 3

Eis, selbstgemacht!

Hier ist ein Rezept ganz ohne Zucker oder andere künstliche Zutaten.

Man braucht dazu:
einen Viertelliter Sahne
ein halbes Pfund frische Früchte, zum Beispiel Erdbeeren
drei Eigelb
drei oder vier Eßlöffel Honig
zwei Eßlöffel heißes Wasser und
eine Messerspitze echte Vanille.

Die Früchte werden im Mixer zerkleinert, das Eigelb mit dem Honig, der Vanille und dem heißen Wasser schaumig gerührt. Dann schlagt ihr die Sahne steif und vermischt sie mit der Schaummasse und den Früchten. Das Ganze in die Kühltruhe bringen. Alle zwei Stunden (das muß zwei- bis dreimal gemacht werden!) die Masse wieder rausholen, gut durchrühren und wieder tiefkühlen. Danach in kleinen Portionen abfüllen und noch einmal einige Stunden tiefkühlen.

Wenn's dann ans Schlemmen gehen soll, die Schalen kurz in heißes Wasser tauchen, damit sich das Eis von den Wänden löst. Mit einer Eiszange könnt ihr dann auch Kugeln formen! Guten Appetit!

Umweltquiz-Auflösung

1. Der Maulwurf ist ein Fleischfresser! Auf seiner Speisekarte stehen Engerlinge, Schnecken, Käfer, Larven, Raupen und Regenwürmer. Seine Gänge lockern den Boden.
2. Zum Beispiel: Kohl- und Blaumeise, Spatz, Amsel, Dompfaff, Buntspecht, Elster, Kleiber, Buchfink, Eichelhäher . . .
3. Rauch- und Mehlschwalbe, Mauersegler, Star, Weißstorch, Kuckuck, Nachtigall, Feldlerche, Gartenrotschwanz, Blaukehlchen
4. Die Brennessel!
5. Zum Beispiel: Löwenzahn, Brennnessel, Spitz- und Breitwegerich, Kamille, Melisse, Pfefferminze, Schachtelhalm, Beinwell, Schafgarbe, Giersch, Quecke, Ringelblume, Huflattich, Disteln, Gänseblümchen, Sauerampfer, Johanniskraut, Brunnenkresse, Gundermann oder Wegwarte.

   Teilweise können diese Wildkräuter als Gemüse oder Salat gegessen werden. Sie sind auch alle Heilpflanzen.
6. Die erste Antwort ist richtig.